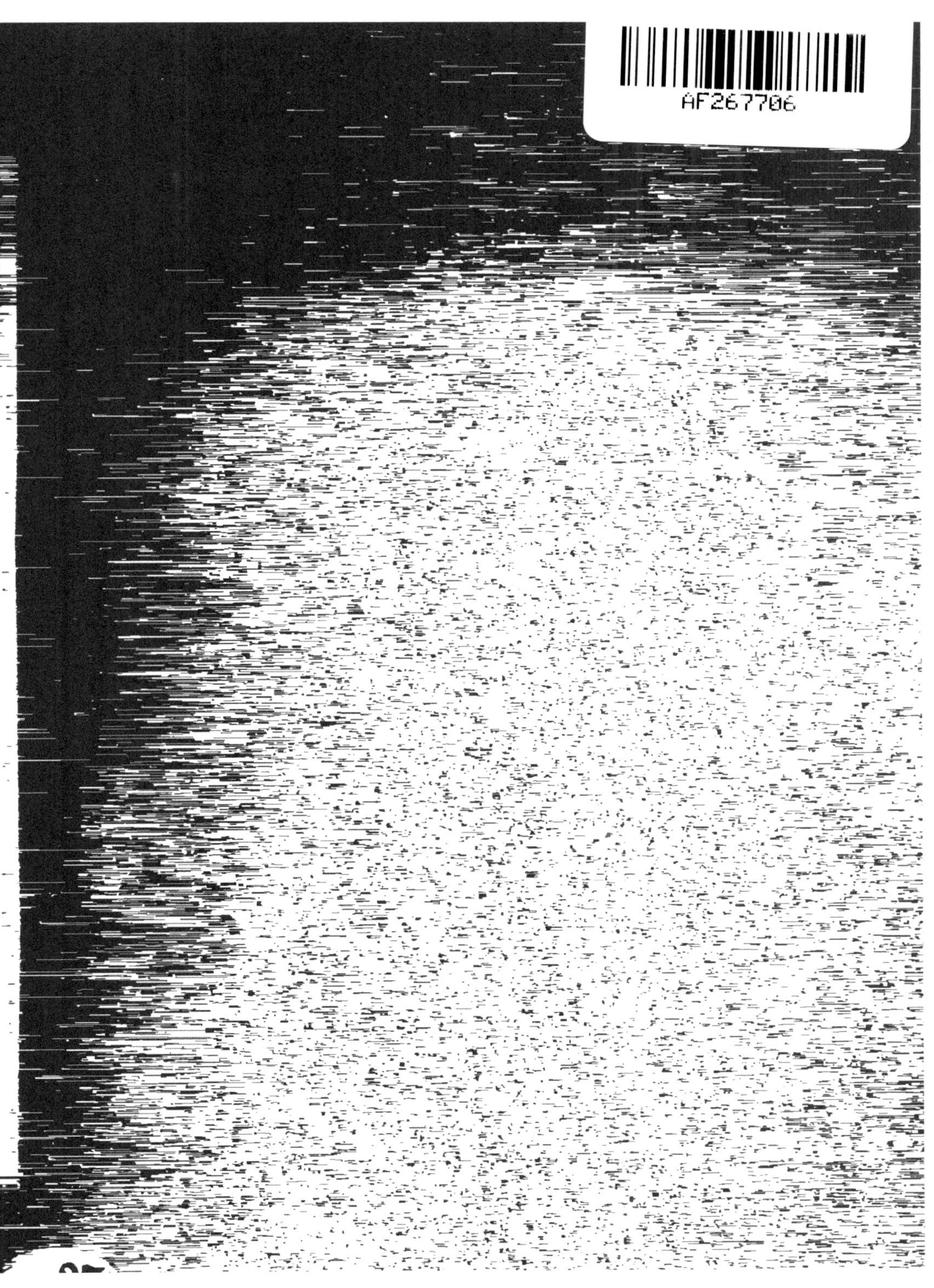
AF267706

ORAISON FUNÈBRE

DE SA GRANDEUR

MONSEIGNEUR L.-A.-A. PAVY

ÉVÊQUE D'ALGER

ORAISON FUNÈBRE

DE SA GRANDEUR

MONSEIGNEUR L.-A.-A. PAVY

ÉVÊQUE D'ALGER

PRONONCÉE LE 20 DÉCEMBRE 1866

DANS L'ÉGLISE CATHÉDRALE

PAR M. COMPTE-CALIX

CHANOINE, ANCIEN VICAIRE-GÉNÉRAL

ALGER

TYPOGRAPHIE BASTIDE, IMPRIMEUR DE L'ÉVÊCHÉ

—

1866

Labentissimè impendam et superim-
pendar ipse.
Je dépenserai tout de bon cœur, et,
pour combler la mesure, je me dépenserai moi-même. (II *Cor.* 12. 15.)

Mes Frères,

L'âme humaine est un flambeau allumé au foyer même de Dieu. Ce flambeau doit brûler devant lui et se consumer pour sa gloire. Ce sera, tantôt l'humble étincelle qui brille vive quoiqu'ignorée, dans le secret de la vie domestique ; tantôt la pieuse lampe qui veille, silencieuse et recueillie, au fond du sanctuaire ou dans la solitude du cloître ; tantôt la flamme active et douce de la charité, qui réchauffe et caresse le pauvre et le souffrant ; d'autrefois ce sera la grande lumière placée de Dieu sur le chandelier pastoral, pour guider le troupeau des âmes aux sentiers difficiles de la vie, et pour aller mêler au loin ses éclats au faisceau de splendeurs qui rayonne au sommet de l'Église.

C'est à ces âmes de grandeur exceptionnelle que Jésus-Christ a dit : Vous, vous êtes la lumière du monde, *Vos estis lux mundi* (1). Se dévouer pour Dieu, s'user à son œuvre, telle est leur destinée. Telle fut la vie de notre Illustrissime et Révérendissime père en Dieu, Monseigneur Louis - Antoine - Augustin PAVY, Évêque d'Alger, Comte Romain, Prélat assistant au trône Pontifical, Commandeur de la Légion-d'Honneur et de l'ordre des SS. Maurice et Lazare, Grand officier de l'ordre de François Ier des Deux-Siciles, haut Titulaire de l'Université de France.

Louer une pareille vie est sans doute une tâche au-dessus de mes forces. J'en ai pesé le fardeau au moment même où je l'acceptais. Mais on me disait : Qui mieux que vous a connu Monseigneur ? et moi, je disais, dans mon cœur : Qui l'a plus aimé ? Fort de mes convictions et de la pleine confiance que vos âmes feraient écho à la mienne, j'ai osé dire

(1) Matth v. 14.

aussi : Oui, pour lui payer le tribut personnel de ma vénération et de mon amour, tout en acquittant, au nom de tous, la dette de l'admiration et de la reconnaissance universelle, je dépenserai tous mes faibles efforts, je dépenserai surtout mon cœur : *Libentissimè impendam et superimpendar ipse.*

Je résume donc, mes Frères, tout l'éloge de Monseigneur Pavy dans cette unique parole : Il a dépensé à l'œuvre de Dieu tous les dons qu'il avait reçus de sa libéralité, il s'y est dépensé lui-même.

Il était juste que la dépense fut généreuse, car les dons étaient magnifiques : dons de l'intelligence, dons du cœur, dons du caractère.

I.

Dieu, qui nous fit originairement à son image, ne nous abandonne pas sans quelques radieuses éclaircies, aux obscurcissements de notre nature tombée ; il fait, de loin en loin, passer sous nos yeux de nobles et puissantes intelligences, comme des ressouvenirs des clartés primitives, et comme une espérance des ravissements éternels.

Toutefois ces créatures privilégiées n'échappent

pas à l'arrêt divin qui nous marque tous inexorablement au sceau de la déchéance, et nous condamne, les uns à la médiocrité, clair-obscur général, les autres à des ombres fortement accusées faisant équilibre à de vives lumières. L'esprit le mieux doué est un phare à éclipse, dont une face nous éblouit et dont les autres plus nombreuses ne nous présentent que ténèbres.

Sans prétendre que Monseigneur Pavy ait obtenu de la Providence une dispense absolue d'une loi qui n'en admet pas, j'ose dire que bien peu d'intelligences offrent un ensemble si harmonieux, si varié, si complet, de facultés brillantes.

Mémoire heureuse et fidèle, imagination riche et ardente, pénétration prompte et facile, raison ferme et sagace, finesse et sûreté d'intuition, travail sans efforts, attention que rien ne peut fatiguer ni distraire, qui se divise sans s'affaiblir. Joignez à ces dons de la pensée une élocution toujours docile et complaisante, souple et rapide comme la pensée même, se pliant sans résistance et sans retard à toutes ses transformations : grave et majestueuse dans les grands sujets, technique dans l'exposé de la doctrine, vive dans la discussion, gracieuse ou pittoresque dans les abandons de la causerie, toujours animée, toujours agréable et toujours sympathique : voilà l'intelligence de Monseigneur Pavy.

Vous étonnerai-je après cela, mes Frères, quand je vous dirai que sa vie intellectuelle fut une suite non interrompue de succès?

Jeune élève, il habitua de bonne heure ses émules à le voir à leur tête. Le dernier par son âge, il fut toujours le premier par son rang. Sa supériorité était si incontestable qu'elle fut toujours incontestée. Tous les lauriers étaient pour lui, et personne ne s'en étonnait, personne ne pensait à s'en plaindre.

Bientôt, ses études classiques achevées, Louis Antoine Pavy franchissait sans hésitation le seuil du grand-séminaire, où, sous la direction habile et sage des Sulpiciens, il poursuivit, dans les luttes austères de la théologie, cette carrière triomphale que lui avaient ouverte les jeux plus riants des études littéraires. On parle encore, au séminaire de saint Irénée, des deux jeunes rivaux d'autrefois, Cœur et Pavy, tous deux depuis Évêques, autour desquels se groupaient en deux camps leurs condisciples devenus leurs admirateurs. Déjà, dans ces combats qui préludaient à ceux de l'avenir, on pouvait voir apparaître et grandir le futur défenseur du Siége de saint Pierre.

A vingt ans, M. Pavy avait brillamment terminé son cours de théologie, et allait consacrer à l'enseignement, dans l'école cléricale de Saint Nizier, à Lyon, les quelques années qui le séparaient encore du sacerdoce. C'est là que je le connus pour la première fois, et que se nouèrent ces relations pour moi toujours si précieuses. Si je n'avais à vous entretenir de bien plus grandes choses, je me laisserais volontiers aller au charme des souvenirs, et je vous dirais combien dès-lors l'abbé Pavy exerçait d'ascendant sur les esprits et sur les cœurs. Presque aussi jeune que nous, nous sentions qu'il était notre maître. Son talent nous ravissait, son ardeur nous enthousiasmait, sa ferveur nous enflammait. Par malheur, la maladie vint trop tôt nous séparer de notre bien-aimé professeur, et abréger douloureusement des jours qui nous promettaient d'être si fructueux et si doux.

Ordonné prêtre en 1829, l'abbé Pavy entra dans le ministère paroissial, et, dès que sa santé fut un peu rétablie, c'est-à-dire un an après, il était, à Lyon, vicaire de saint Bonaventure. Nouveau théâtre, nouveaux succès.

Malgré leur multiplicité, malgré leur étendue, les travaux de sa charge ne purent longtemps suffire à l'activité de son intelligence. Directeur recherché pour sa sagesse, apôtre aimable et docte, enchainant à sa suite tous les esprits cultivés qui éprouvaient le besoin de se rapprocher de Dieu, consolateur prêt à répondre à toutes les infortunes, prédicateur applaudi, cet esprit débordant

de sève en avait encore à répandre, et, sans inter-
rompre ses fonctions vicariales, il écrivait un livre
qu'accueillit avec faveur le public lyonnais, l'histoire des grands Cordeliers, suivie bientôt de celle
des petits Cordeliers, et traduisait le Commoni-
toire de Saint Vincent de Lérins.

Ces ouvrages, premiers fruits de ses veilles
studieuses, et l'éclat de son ministère avaient
fixé l'opinion sur le mérite de M. l'abbé Pavy.
En 1837, il était nommé Professeur d'Histoire
ecclésiastique à la faculté de théologie de Lyon,
dont il devint le Doyen en 1842. C'est à lui, on
peut le dire sans flatterie et sans blesser les droits
de personne, c'est à lui que cette antique institution dut de renaître de ses cendres. Depuis
longtemps oubliée, elle se remit à faire parler
d'elle. Il fallut rouvrir en toute hâte à l'affluence
des auditeurs ses portes qui crièrent sur leurs
vieux gonds rouillés. Une parole éloquente venait de réveiller ses échos endormis, et le bruit
des applaudissements allait enfin succéder au si-
lence.

Il était beau de voir se presser autour du
jeune et brillant professeur une foule aussi
nombreuse que choisie, assidue, attentive,
captivée. Il était beau lui-même, pendant qu'il
déroulait devant son auditoire les fastes du
passé, décrivant tour à tour, et dans un style

constamment varié, plein de mouvement et d'images, les origines célestes de l'Église, son établissement miraculeux, ses luttes sanglantes, ses déchirements douloureux, ses triomphes disputés, mais jamais incertains ; exposant ses doctrines divines, ses bienfaits répandus à profusion dans l'humanité ; dissipant les erreurs amoncelées contre elle par l'ignorance ou le mensonge ; la vengeant d'injustes et folles attaques, la faisant vénérer comme la souveraine des intelligences, la faisant aimer comme la mère des âmes.

De tels accents, tombés d'une chaire si long-temps muette, devaient attirer l'attention générale et appeler sur celui qui les faisait entendre de justes distinctions. Aussi est-ce pendant les années de son professorat que l'abbé Pavy fut nommé par son archevêque, Chanoine-Honoraire de la Primatiale, et par le Roi, Chevalier, puis bientôt Officier de la Légion-d'Honneur. C'est alors également qu'il devint membre de l'Académie de Lyon, et Président de la Société d'Éducation, dont il occupa le fauteuil jusqu'à son départ pour l'Algérie.

Nous touchons, mes Frères, à la grande époque où le champ va s'élargir, où la vaste intelligence que nous célébrons va s'épanouir plus à l'aise, où la voix qui nous fut connue va parler de plus haut et retentir plus au loin. Évêque, Monseigneur Pavy déploie son immense talent sous toutes ses formes et dans sa plénitude. Mes frères, vous connaissez ses écrits, vous avez tous entendu sa parole, soyez les juges de mes appréciations.

Et d'abord, pour prévenir tout reproche d'exagération flatteuse, et pour nous donner le droit de nous mouvoir plus librement ensuite dans la sphère de la louange, convenons que quelquefois Monseigneur Pavy écrivit un peu à la hâte. Le besoin était pressant, la situation commandait. Son travail était alors celui d'un chef que l'ennemi surprend. Le temps manquait pour mettre toutes ses forces sous les armes, pour les disposer avec art et combiner leurs mouvements selon les règles d'une savante tactique. Mais le coup-d'œil remplaçait tout, et, dans les œuvres les plus précipitées de Monseigneur Pavy, on trouve, avec l'exactitude de l'enseignement, l'élan et la couleur de la pensée.

Comme style, Monseigneur Pavy affectionnait peut-être un peu la période, forme plus ample et plus solennelle vers laquelle devaient l'incliner, et sa coutume de dicter, et sa facilité surabondante, et le grandiose de son imagination. Mais ce qui put être parfois une tache fut habituellement un mérite. Sous sa plume, la période harmonieusement balancée est un élégant véhicule qui porte la pensée à l'esprit du lecteur plus gracieuse et mieux parée.

Au fond, Monseigneur Pavy laisse des œuvres magistrales. Vous rappellerai-je les mandements sur la Vérité, sur la divinité de Jésus-Christ, sur la divinité de l'Église, où s'allient si heureusement la science ecclésiastique et l'argumentation forte et judicieuse ; les Observations à M. Dupin, opuscule si vif d'ironie de bon goût et de sainte émotion ; les mandements sur l'Esprit de Foi, qui révèlent une si exquise connaissance du cœur humain, une étude si intime de la vie surnaturelle ; le livre du Célibat, si plein de savoir, de raisonnement et de noblesse ; le mandement sur la Propriété, où la question, éclairée par le triple flambeau de la philosophie, de l'histoire et de la foi, se dégage si lumineuse des nuages dont voudraient l'envelopper nos sophistes modernes ; le mandement sur le Sacré-Cœur de Jésus, mélange remarquable de précision théologique et d'onctueuse piété ; les mandements sur la Famille et sur le Catéchisme, si abondants de raison, de délicatesse et de cœur ; le Catéchisme lui-même, ce merveilleux abrégé de tout l'enseignement catholique, si complet dans sa brièveté, si clair malgré sa profondeur !

Ces œuvres resteront, comme des témoins

immortels du talent supérieur, des connaissances
étendues, des vues élevées, de la foi convaincue
et du zèle brûlant de leur auteur, comme des
sources jaillissantes auxquelles le Clergé algérien,
qui fut si fier et si heureux d'être son Clergé,
ira longtemps puiser la science des vérités chrétiennes et l'art si difficile de les faire accepter.

Les qualités de l'écrivain devaient naturellement
se reproduire dans l'orateur, avec un caractère
plus saillant de vie et de spontanéité.

L'âme de Monseigneur Pavy était la vie person-
nifiée. La plume ne pouvait en suivre le mouvement
impétueux. Quelque pressée que pût être son al-
lure, elle devait se résigner à être devancée.

Affranchie de ces lenteurs, la parole improvi-
sée de l'éloquent Prélat naissait avec la pensée,
s'épanouissait, marchait, s'élançait avec elle.
Toutes deux, libres, promptes, ailées, fortifiées
l'une par l'autre, tendaient au but d'un vol
égal. Tels ces oiseaux aux fortes ailes, qui pas-
sent sur nos têtes comme des nuées vivantes, se
soutiennent en se pressant, pour briser les résis-
tances de l'air et pour fournir victorieusement leur
course.

La parole facile de Monseigneur Pavy savait s'as-
souplir à tous les sujets, se mesurer à tous les au-
ditoires. Comprise et goûtée de tous, elle versait à
tous le double bienfait de la lumière qui éclaire et

des émotions qui rendent meilleur. Heureuse et acceptée sur quelque ton qu'elle se fit entendre, elle le fut surtout dans le genre familier. Cette espèce de causerie, simple, nuancée, spirituelle et cordiale, se rapprochait de celle qui lui avait valu déjà tant de succès dans les relations ordinaires de la vie.

Dès longtemps avant son épiscopat, entouré, fêté, l'abbé Pavy voyait le monde. Sa conversation était un charme, et, j'oserai le dire, une séduction s'exerçant pour le bien. Il se rendait agréable, pour devenir utile. Condescendant, mais toujours Prêtre, il passait au millieu du monde sans rien prendre de lui. Ainsi un de nos grands fleuves, au moment où l'on croirait qu'il a mêlé ses eaux à celles du lac enchanteur qu'il traverse, se dégage de l'étreinte, et reprend son cours, toujours libre et toujours lui-même.

En terminant cette esquisse des dons intellectuels dont Dieu avait été prodigue envers son serviteur, constatons que, selon notre texte, le serviteur fidèle les a consacrés sans réserve à la gloire de son maître.

On l'a entendu plus d'une fois féliciter Bossuet, qu'il opposait à Fénélon, de n'avoir appliqué son génie qu'aux choses religieuses. Ce qu'il disait à la louange de Bossuet, nous pouvons le dire à la sienne. Jamais rien n'est sorti ni de sa plume ni de ses lèvres, dans sa parole publique, qui n'eût la Religion pour mobile et pour objet.

Au milieu de ces flots d'encens pur brûlé à l'honneur de Dieu, quelle âme assez sûre d'elle-même aurait pu se défendre toujours de la faiblesse d'en respirer quelques parfums. Un pareil talent pouvait-il s'ignorer lui-même ? Mais, nous le dirons avec assurance, jamais il ne détourna sciemment une parcelle de ce qu'il savait appartenir à Dieu.

II.

Si les dons de l'intelligence enlèvent notre admiration, ils ne sauraient captiver notre amour. Le cœur seul attire le cœur. Le cœur ne se subjugue pas, il est libre, même devant Dieu, il se donne à qui lui plaît et à son heure.

Or le cœur c'est l'homme. Qui gagne le cœur a tout, qui ne le gagne pas n'a rien.

Celui donc que la divine Providence appelle au gouvernement moral des hommes, doit par son cœur gagner leur cœur. C'est ce qu'a fait Monseigneur Pavy.

Dieu, sous ce rapport, l'avait encore fait riche. Âme ouverte et expansive, il provoquait la confiance. Accueillant, gracieux à tous, bienveillant pour quiconque réclamait son conseil ou son appui, sensible aux confidences douloureuses, qui peut dire combien il a aidé d'infortunes, combien il a relevé de courages, combien de tristesses il a consolées ?

Avec son cœur s'ouvrait sa main. Économe pour lui-même, il était large pour autrui. Les indigences cachées et ses œuvres diocésaines absorbaient ses revenus. Son testament en fait foi. Il avait apporté en Algérie un modeste pécule, fruit de son professorat et de ses publications. Aujourd'hui, il laisse à ses neveux la maison paternelle, dont la moitié est mise à la disposition des membres pauvres de la famille. Ses legs divers n'excèdent pas l'importance de simples souvenirs, et son légataire universel, traité comme les autres, doit affecter au bien du Diocèse ce qui pourrait lui rester au-delà, si quelque chose reste.

Dans la conduite des âmes, Monseigneur Pavy fut toujours aussi dévoué qu'il était sage. Guide sûr par ses lumières, il était père par sa pieuse et compâtissante affection. Aussi que de périls spirituels il a conjurés, que d'obstacles il a fait vaincre, que de vertus généreuses il a rendues faciles, que d'élus il a donnés ou préparés au ciel !

Dans le commerce intime, Monseigneur Pavy savait unir à la gaîté aimable qui en fait l'agrément, l'abandon du cœur qui en assure la durée. Bon

et sincère ami, fidèle aux humbles affections
autant et plus encore qu'à celles qui pouvaient
l'honorer devant les hommes, il a compté partout,
à tous les rangs de la société, et dans toute sa
vie, des amitiés nombreuses, d'inaltérables dé-
vouements.

Évêque, ne l'avons-nous pas vu se faire tout
à tous ? Son palais épiscopal, plus tard sa modeste
retraite au Petit-Séminaire s'ouvraient sans distinction à tous les visiteurs, et tous se retiraient
plus attachés à lui et plus heureux.

Dans ses tournées pastorales, comme il mé-
nageait peu son temps et ses fatigues, pour
arriver partout où il apprenait que sa présence
était désirée ! Les moindres hameaux n'étaient
pas exclus. Et là, comme il était abordable !
Comme il prenait intérêt à tout ce qui touchait
les plus petits de son troupeau ! Comme sa
parole devenait condescendante et paternelle !
Un jour, il m'en souvient, à force de cœur et
de simplicité, il fut sublime. C'était une pauvre
chapelle, c'étaient de pauvres colons qui, avant
sa visite, avaient eu celle des épreuves. « Bonjour,
mes amis, leur dit-il, comment vous portez-vous ? »
Ce simple mot, développé avec une charmante
délicatesse, les ravit, les toucha. Le cœur du
père était allé aux cœurs de ses enfants.

Plus encore qu'à ses autres diocésains, il a

été donné à son Clergé de le voir de près et de sentir ce que son âme renfermait de bienveillance et de sainte tendresse. Il voulait que ses Prêtres fussent soumis et édifiants. A ces deux conditions, il les traitait comme des amis. Sa douce familiarité, en encourageant l'abandon, ne faisait qu'accroître le respect. Il écoutait le cœur ouvert leurs confidences sacerdotales, se réjouissait de leurs joies, s'attristait de leurs tristesses, leur faisait aimer les labeurs de leur ministère, ses isolements si habituels dans notre colonie, et jusqu'à ses immolations.

Convaincu de la nécessité de maintenir intactes la règle et l'autorité, parfois il se montra sévère. Il fut toujours le premier à en souffrir. Le devoir lui était alors un lourd fardeau. Impatient de pardonner, il épiait le repentir; l'attendre lui coûtait trop, il le provoquait, il l'appelait, il lui tendait les bras, et se hâtait de couvrir d'un oubli qui le rendait heureux la faute à moitié reconnue.

Vous parlerai-je, mes Frères, de son amour pour l'Algérie? Je me rappelle, et son premier mandement vous le disait, je me rappelle avec quel enthousiasme il salua de loin sa nouvelle patrie, avec quelle générosité il s'arracha aux embrassements de sa famille en larmes et de ses vieux amis, pour venir chercher ici une famille plus chère encore, et dévouer son cœur à l'Église d'Alger devenue son épouse.

Laissez-moi vous redire quelques-unes des paroles ardentes que lui dictèrent alors les élans de son cœur vers vous.

« O rivages de l'Afrique ! notre regard vous salue, nos désirs vous appellent. Avec quel religieux émoi nous poserons le pied sur ton sol, ô sainte Église d'Alger ! Comme nous voudrions t'apporter la lumière, la paix et la vie ! Comme il nous serait doux de penser qu'il ne sera point impossible à notre zèle de faire revivre quelque chose de ta vieille gloire, et d'élever peu à peu tes espérances au niveau de tes souvenirs ! Puissions-nous, loin de les compromettre, ou de les laisser s'affaiblir entre nos mains, servir et féconder tes magnifiques destinées ! »

Et ne pensez pas, mes Frères, que l'Évêque d'Alger ait voulu alors, pas plus qu'il ne l'a fait depuis, écarter des embrassements de sa charité ceux qui n'ont pas comme nous le bonheur d'appartenir à l'Église.

Gêné par les timidités excessives peut-être de la politique française, retenu par la prudence, regrettant que son zèle ne pût pas agir dans la plénitude de la liberté apostolique, il disait :

« Dieu nous garde d'entraînements non moins périlleux pour l'Église elle-même que pour la sécurité du pays ! Mais, qu'on le sache bien, si nous ne pouvons vous sauver tous, habitants de l'Algérie, notre droit et notre devoir sont d'appartenir à tous, d'être prêt à répondre à tous, de vous aimer et de vous bénir tous, sans distinction de nom, de pays, de race et de croyance. »

Un peu plus tard, dans son mandement sur le Sacré-Cœur, on devait retrouver le même amour pour tous les dissidents :

« Mais nos frères séparés, dit-il, les juifs, les musulmans, allons-nous également les consacrer au Cœur de Jésus ? Et pourquoi pas ? »

J'abrège la citation, que je termine par ces mots à l'adresse des enfants de l'Islam :

« Nous vous placerons les plus près du Cœur de Jésus, afin que la rosée de son sang, tombant sur vous comme une pluie féconde, vous enfante bientôt à l'Évangile et au royaume du Ciel. »

Et les Indigènes avaient bien compris qu'ils avaient leur place dans le cœur de l'Évêque. Les pauvres savaient qu'ils avaient le droit de frapper à sa porte, les riches, qu'ils seraient toujours auprès de lui les bienvenus, tous, qu'ils pouvaient compter sur son empressement à les servir. Aussi, n'ont-ils pas, naguère, partagé nos alarmes ? La synagogue et la mosquée n'ont-elles pas entendu leurs gémissements et leurs prières ? Notre deuil n'a-t-il pas été leur deuil ?

Mais revenons, mes Frères. Le navire qui portait le nouvel Évêque se détachait à peine des rives de la France qu'il lui tardait déjà de toucher aux rives africaines. Le ciel et la mer rivalisaient de calme et de splendeurs, la marche était douce et rapide. Il semblait que tout dans la nature voulait répondre à ses désirs, en abrégeant la route.

Après une heureuse traversée, quand la longue-vue du bord signala au loin les cîmes brumeuses des montagnes, son regard s'alluma, interrogeant les profondeurs de l'horizon, son cœur devina ce que son œil ne pouvait voir encore, et son front s'éclaira d'un rayon de bonheur.

Je renonce à vous décrire les magnificences et les joies filiales qui l'accueillirent à son débarquement. Les ainés de la famille algérienne en ont gardé sans doute la mémoire. Mais ce que je puis affirmer, c'est que cette fête resplendissante n'égalait pas en pieux enivrements la fête de son cœur. Ce que je puis affirmer encore, c'est que son amour pour son diocèse ne s'est pas depuis lors démenti. Il était uni à son Eglise à la vie, à la mort. Il avait laissé à la France et en avait apporté de bien chers souvenirs, mais il n'y reporta jamais ni un regret ni une espérance.

Monseigneur Pavy n'était pas seulement le pasteur et l'apôtre des âmes, il était l'ami, le père des colons. Associé pour toujours aux destinées de l'Algérie, il applaudissait à ses prospérités, s'affligeait de ses revers ou des lenteurs de son développement.

En 1849, quand il vit naître au sein des broussailles étonnées nos jeunes colonies agricoles, il les bénit avec transport et sécria :

« Le courant de l'émigration a creusé un lit qui ne se comblera pas de sitôt ; nous verrons arriver l'un après l'autre les ruisseaux et les torrents de populations dont la pente est désormais tournée vers nos rivages. L'Algérie grandira, prospérera, et deviendra le plus précieux joyau du diadème de la France. »

Hélas ! ces espérances ne devaient se réaliser ni si vite ni si complètement. Le lit ne s'est pas comblé, mais il s'est embarrassé d'obstacles ; le torrent ne s'est pas desséché, mais il est redescendu aux faibles proportions du ruisseau. L'Algérie devait se ressentir des secousses diverses de la mère patrie, souffrir de ses épreuves, et de plus, subir les alternatives qui, de tout temps, ont marqué la formation des peuples, pressant, ralentissant tour à tour leur élan.

Quoi qu'il en soit des causes qui ont pu retarder ou accélérer les progrès de notre colonie, elle n'a pas poussé un soupir de crainte ou de douleur, un cri d'espérance ou de joie, qui n'ait trouvé aussitôt dans le cœur attentif, inquiet, de son Évêque, un écho plaintif ou triomphant. Plein de foi aux desseins de la Providence sur elle, il n'a jamais douté, malgré les incertitudes, malgré les défaillances auxquelles elle semblait devoir succomber, il n'a jamais douté de sa vitalité ni de son avenir. Jésus-Christ avait repris possession de l'Afrique ; la devise prophétique ne devait-elle pas s'accomplir : Rappelée à la vie, elle ne meurt plus ? *Resurgens non moritur* (1).

C'est à cette longanimité d'amour et de confiance que le premier Magistrat de la cité rendait hommage, lorsqu'au jour de notre deuil, la dépouille mortelle, présentée aux portes de ce temple, venait, comme un voyageur fatigué d'une longue marche, y chercher un asile.

Tel fut pour les hommes le cœur de Monseigneur Pavy. Que n'a-t-il pas dû être pour le Dieu qui le lui avait fait si bon ?

Dieu est le principe, le centre et la fin de nos âmes. C'est de lui, selon l'Apôtre, que descend tout don parfait : *Omne donum perfectum desursum est, descendens à Patre luminum* (2). C'est de son cœur, qui est tout amour, que

(1) Devise de Mgr Pavy.
(2) Jac. 1. 17.

s'épanche aux cœurs de ses ministres et de ses envoyés le don céleste de la charité apostolique. Qui n'aime pas Dieu ne peut avoir pour les hommes qu'une affection stérile ou chancelante.

Monseigneur Pavy aimait Dieu et tout ce que Dieu aime. Il était pieux.

La piété est cet amour à part, mélange doux et sacré de respect et de tendresse, qu'ont les enfants pour leurs pères.

Monseigneur Pavy n'aimait pas les piétés affectées ou singulières qui trahissent ou l'amour-propre ou la faiblesse du jugement. La sienne était simple, aisée et naturelle, parcequ'elle était vraie, sincère et filiale. Le caractère qui la distinguait, et qui lui donnait sa valeur et sa solidité, était l'esprit de foi. Il rapportait à Dieu toutes ses pensées, toutes ses aspirations, toutes ses œuvres. Lors même qu'il semblait, aux yeux distraits du monde, attaché à la poursuite d'un succès terrestre, ceux qui avaient mieux le secret de son âme apercevaient, au-delà de ce but apparent, le but réel qu'il recherchait, et ce but était Dieu.

Comme la gloire de Dieu était sa fin, le secours de Dieu était sa confiance. Aux soins obligés de la prudence, aux efforts du labeur, il joignait la prière.

Entre les objets de sa dévotion, les plus

affectionnés furent la divine Eucharistie et la Très-Sainte Vierge. Dans ses doutes, dans ses perplexités, dans ses douleurs, à toutes les heures sombres de sa vie, il récitait l'*Ave Maria*, ou bien il s'en allait silencieusement s'agenouiller dans sa petite chapelle. Humblement prosterné, l'œil fixé sur le tabernacle, il confiait au cœur de Jésus les peines qui oppressaient le sien, lui demandait la lumière et la force, se relevait bientôt plus éclairé ou plus résolu, et revenait à ses travaux.

C'est cette foi vive et profonde qui donnait aux écrits et aux prédications de Monseigneur Pavy une si chaleureuse énergie ; c'est sa piété tendrement filiale qui en a rendu quelques-uns si onctueux et si touchants. Que de délicieuses pages nous devons entr'autres à son amour pour la Mère de Dieu ! Nous verrons plus tard ce qu'il entreprit et accomplit pour elle.

Vous me reprocheriez, mes Frères, d'omettre un fait pieux qui suffirait lui seul à illustrer une mémoire épiscopale :

Il y a douze ans déjà, un jour, c'était le 28 mai, la population tout entière d'Alger était en émoi. Les rues, les places, les fenêtres, les toîts, tout regorgeait de foules émues d'une religieuse curiosité. Un long et imposant cortège venait de partir du fort des Vingt-quatre heures et parcourait la ville. Des détachements de la milice et de l'armée, de longues files d'enfants portant des banderolles et chantant des cantiques, un nombreux clergé, présidé par son Évêque, auquel était venu s'unir un Évêque d'Espagne (1), les plus hautes autorités : Gouverneur-Général, État-major, Cour, Tribunal, corps Consulaire, Chefs de la colonie et de la cité, Fonctionnaires de tout ordre, marchaient graves et recueillis. Au milieu de cette magnifique escorte d'honneur, s'avançait lentement, traîné par huit chevaux, un bloc énorme de pisé coupé dans la muraille du vieux fort démoli, puis une châsse portant des ossements humains. Les six cordons de cette châsse étaient tenus par de hauts représentants de la Magistrature, de l'Administration civile, des Consulats, de l'armée de terre et de mer.

A mesure que passait le cercueil, tous les regards, toutes les émotions se concentraient sur lui. Quel était donc l'illustre mort qu'il renfermait ? c'était le pauvre esclave, le musulman devenu chrétien, Géronimo, qui refaisait l'an 1854, pour revenir de son sépulcre à la cathédrale d'Alger, le même chemin qu'il avait fait trois siècles auparavant, pour aller de la chapelle du bagne au martyre.

Je ne vous rappelerai pas, mes Frères, les merveilleuses circonstances qui accompagnèrent l'in-

(1) Monseigneur De Rhoda y Rodriguez, Évêque de Mahon.

vention de ces glorieux restes, ni les noms de tous ceux qui contribuèrent à préparer, à effectuer la découverte, à en établir l'importance et l'authenticité, à en assurer les précieux résultats.

Je n'ai à vous entretenir aujourd'hui que de Monseigneur Pavy.

Vous souvient-il, habitants d'Alger, du religieux saisissement qu'il ressentit à la première nouvelle, de son empressement à accourir, de sa joie, quand il put reconnaître que c'était bien là le martyr qu'on avait tant cherché, de la commotion électrique que son âme communiqua aussitôt aux grands et aux petits, à la population entière, des constatations officielles et sérieuses qu'il réclama ou qu'il fit faire, avec toute la pieuse hâte que pouvaient comporter et la grandeur de l'évènement et la maturité de la sagesse ?

Pour moi je me souviens de son voyage à Rome, de son ardeur à y plaider la cause de son céleste protégé, de ses démarches pour lui obtenir un commencement du moins de glorification. Il était si convaincu, si pénétré, si pressant, que le bon, l'immortel Pie IX, qui aime tant la France et l'Algérie, ne sut pas résister, mais conspirant avec lui à l'accomplissement exceptionnel de ses désirs, signa de sa main, en dehors des formalités ordinaires, le Décret déclarant Géronimo Vénérable, premier acheminement aux honneurs des autels.

Qui dira le bonheur du pieux Évêque, lorsqu'a-près un mois à peine de séjour, mais ce séjour avait été laborieux et fécond, il quittait Rome, vous rapportant le Décret pontifical comme un triomphateur rapporte un trophée? Son cœur sura-bondait de joie : il avait donné à son Diocèse une gloire et une protection nouvelles; il y entrevoyait un gage inattendu des conquêtes qu'ambitionnait son zèle, il espérait que le sang du martyr allait être pour ceux de sa race une semence de chrétiens. Ici son espoir fut encore trompé; mais confiance ! l'heure viendra.

Cette œuvre de glorification, si énergiquement commencée, Monseigneur Pavy ne l'abandonna pas ; il crut seulement devoir en ajourner la re-prise jusqu'après la consommation d'une autre œuvre plus grandiose encore, qui devînt la passion de sa vie. Hélas ! l'une et l'autre restent inache-vées ; leur achèvement sera bientôt, nous n'en doutons pas, l'honneur et la consolation du nou-veau Pasteur qui va venir recueillir l'héritage.

III.

Monseigneur Pavy avait reçu de Dieu de rares dons d'intelligence, de riches qualités de cœur.

C'était beau pour un homme, ce pouvait être beau même pour un Évêque ; c'aurait été insuffisant pour un Évêque d'Algérie. Le pays et les temps demandaient que ces grandes facultés eussent pour appui un grand caractère. Nous allons voir, en peu de mots, que ce don, Monseigneur Pavy l'avait encore reçu du ciel.

Né dans un rang de fortune modeste, mais d'une famille justement honorée, où la foi et les vertus chrétiennes étaient héréditaires, Monseigneur Pavy reçut avec un sang généreux une âme vigoureuse. Son père, catholique sans peur, avait, dans les tourmentes politiques que traversa sa jeunesse, exposé plusieurs fois sa vie, pour sauver celle des Prêtres proscrits, et il avait été assez heureux pour en arracher onze à l'échafaud.

Parmi les alliés de sa famille, Monseigneur Pavy compta un apôtre héroïque, Monseigneur Retord, Évêque d'Acanthe, qui, après trente années de missions périlleuses, au Tonkin, obligé d'aller enfin abriter sous l'ombre des forêts désertes sa tête vouée au bourreau, exténué de fatigues, de privations et de souffrances, mourut fugitif et abandonné.

Monseigneur Pavy pouvait revendiquer encore comme un titre de gloire la belle mort de son grand oncle, l'abbé François Pavy, comme lui Prêtre du diocèse de Lyon. C'était aux jours de la Terreur. Allant de cachette en cachette, l'abbé Pavy exerçait, au péril de sa vie, le saint ministère dans la ville tombée au pouvoir de la Convention. Il fut découvert et traduit devant le tribunal révolutionnaire. — Qui es-tu? lui demande le président, — Je suis Prêtre. — Montre-nous tes lettres de prêtrise. — Je les aies perdues, mais le double est au ciel, fais-moi mourir et j'irai les chercher. Frappé de cette réponse magnanime, le tribunal fit trève à ses intincts et renvoya libre son prisonnier. Surpris de nouveau dans l'exercice de son sacerdoce, l'abbé Pavy, cette fois, fut condamné à mort. Plusieurs autres Prêtres le furent avec lui. La veille de l'exécution, et pour s'y préparer, ces vaillants de l'Église firent ensemble la lecture du martyrologe. Après quoi, l'abbé Pavy réclama, comme le plus jeune et le plus haut de taille, la faveur de mourir le premier. Et le lendemain sa tête tombait la première, et son âme se présentait la première à la porte du ciel.

Issu d'une telle lignée, héritier de telles traditions, comment l'enfant n'aurait-il pas présagé l'homme fort, et comment l'homme aurait-il pu démentir le présage ?

Nous nous restreindrons, mes Frères, pour n'être pas trop long ; nous parlerons spécialement de l'épiscopat de Monseigneur Pavy.

Je tiens à déclarer ici, et une fois pour toutes,

qu'en exaltant le second Évêque d'Alger, je ne veux rien enlever au mérite de son prédécesseur. La grande âme de Monseigneur Dupuch pensa à tout, essaya tout, fonda en partie, et, si sa délirante charité n'avait pas oublié qu'une caisse ne pouvait être, comme elle, inépuisable, elle eût peut-être tout fondé.

Doué d'une activité prodigieuse, plein d'initiative et d'ardeur pour le bien, Monseigneur Pavy était appelé à accomplir de grandes choses, et il les accomplit.

Il trouva, à son arrivée, quelques institutions toutes faites qu'il n'avait qu'à bénir, mais il en trouva de naissantes qu'il fallait développer, de chancelantes qu'il fallait affermir, de tombées qu'il fallait relever de leurs ruines, et de nouvelles à créer. Il se mit sans tarder à l'ouvrage. D'un coup-d'œil il embrassa l'ensemble et groupa les détails. Sa pensée marchait vite, et l'exécution suivait toujours de près.

Sa première sollicitude, il la devait à son Clergé, car le troupeau prospère, selon qu'il a des pasteurs plus dignes et plus capables. Assurer donc le facile et bon recrutement du Clergé diocésain, lui fournir plus abondamment les moyens de sanctification et d'instruction personnelle, régulariser et sa vie et son ministère, en fixant la discipline : C'est à réaliser de si désirables biens que vinrent concourir à l'envi et par une succession rapide, des œuvres fondamentales : Agrandissement d'abord, bientôt translation, agrandissement encore, enfin construction définitive du Grand-Séminaire ; fondation immédiate, puis accroissement progressif et continu du Petit-Séminaire ; institution des maîtrises, pépinières de l'un et de l'autre ; retraites pastorales ouvertes dès la deuxième année ; examen annuel imposé aux jeunes Prêtres comme garantie de leur persévérance dans l'étude ; conférences ecclésiastiques ; Statuts synodaux.

Après le sacerdoce, vint le peuple, ou plutôt l'infatigable édificateur fit marcher de front et parallèlement ces deux grands intérêts qui n'en font qu'un.

Visiter son Diocèse, sans compter avec les difficultés et les lassitudes du voyage, montant à cheval et couchant au besoin sous la tente ; évangéliser par sa parole, sans distinction de ville ou de village, les populations qu'évangélisaient d'ailleurs ses lettres pastorales ; augmenter de jour en jour, avec l'aide du Gouvernement, le nombre des paroisses ; favoriser avec une paternelle affection l'extension des Congrégations religieuses, partout si utiles, en Algérie si nécessaires ; en appeler de nouvelles, comme les Frères, partout si appréciés, des Écoles Chrétiennes

et les Sœurs si admirablement, si modestement
dévouées du Bon-Secours ; imprimer un élan plus
vif, ou donner une organisation plus précise et
plus forte aux œuvres de charité, aux pieuses
confréries, les encourager par un concours effectif
et personnel, autant que par d'affectueuses bé-
nédictions : Voilà l'emploi incessant que fit de
son activité et de ses forces notre immortel
Évêque.

Il eut toutes les énergies, tous les courages
à la fois :

Courage du travailleur, nous venons de le voir.

Courage du bon Pasteur : Il n'hésita jamais
devant un dévouement pour ménager sa vie.
Pour n'en citer qu'un trait, lorsque en 1849
le choléra décimait sans pitié la ville d'Oran,
l'Évêque dit : Je pars. Mais le fléau sévis-
sait avec tant de fureur qu'on tremblait pour
ses jours. L'Évêque, calme et souriant répondait aux alarmes par ces mots, qu'il venait
de lire à l'autel : « La vie des justes est dans la
main de Dieu et celle de la mort ne les atteindra
pas. Les irréfléchis pensent qu'ils vont mourir,
mais eux, ils sont en paix. « *Justorum animæ
in manu Dei sunt et non tanget illos tormentum
mortis. Visi sunt oculis insipientium mori, illi
autem sunt in pace* (1). Et il partait, et il allait

consoler, rassurer les malades, en mettant sa main dans leur main, son visage contre leur visage, soutenir, fortifier les survivants, en mêlant aux leurs ses larmes et ses prières, et en leur montrant le ciel. Puis il rentrait tranquille à Alger, n'ayant échappé à l'impitoyable fléau, qui avait paru un moment le saisir, que grâce à une énergique médication, et grâce à son caractère plus énergique encore.

Courage de l'Apôtre. Athlète intrépide et vigilant, Monseigneur Pavy a pris part à toutes les luttes de l'Église. Chaque fois qu'il la vit attaquée dans sa croyance, dans son autorité ou dans son chef, il fut des premiers à jeter le cri d'alerte et à prendre les armes. Oubliant toute autre préoccupation, négligeant tout autre intérêt, il ne voyait plus que les douleurs d'une mère, dans celles de l'Église, que les dangers d'un père, dans ceux du Souverain Pontife. C'est à son courage apostolique que nous devons son Esquisse sur la Souveraineté temporelle du Pape, et tant de pages chaleureuses qui resteront dans ses écrits, comme la vive empreinte de sa vigueur et de sa foi.

Pourquoi ne dirions-nous pas, mes Frères, que Monseigneur Pavy ajouta à ces divers courages, spécialement réservés à l'épiscopat, le courage du citoyen? Une lettre célèbre en Algérie venait de paraître. Dans la pensée de l'Évêque, l'auguste

Auteur s'est mépris ou on l'a mal renseigné. Que fera-t-il? Contredire, ne serait-ce pas manquer au respect, peut-être à la prudence! Mais n'y aurait-il pas, à se taire, défaut de confiance aux intentions du Souverain et tiédeur pour la colonie? Dans le doute, il se demande de quel côté est le courage, et il parle. Les grandes âmes se comprennent, l'Empereur, qui aime le courage et qui se connait en hommes, lui a su bon gré de sa noble hardiesse. J'en ai la preuve dans ces mots adressés récemment à un frère désolé, et qui valent eux seuls tout un panégyrique :

« Monsieur, j'apprends avec un bien vif regret la mort de l'Évêque d'Alger, votre frère. L'Afrique ne perdra pas le souvenir de ses vertus évangéliques, et je n'oublierai pas tout le bien qu'il a fait à la colonie, dans l'exercice de son trop court ministère. Croyez que je m'associe à votre douleur. NAPOLÉON. (1) »

Mais de tant d'énergie dépensée aux choses du devoir, pourra-t-il rester quelque superflu pour les choses du cœur et de pieuse surérogation?

Le laborieux colon du champ de Dieu l'a sillonné de ses pas, l'a arrosé des sueurs de son front durant de longues années. Il y a semé, à pleines mains, des germes que Dieu a fécondés,

(1) Compiègne, 25 novembre 1866.

qui chaque jour donnent des fruits, et en promettent de plus abondants et de plus savoureux à chaque lendemain.

Le colon ne va-t-il pas s'arrêter là, contempler d'un regard satisfait sa tâche si avancée, et goûter, dans cette contemplation permise, un repos devenu un besoin ?

Nous l'avons dit de son prédécesseur, nous le dirons, mes Frères, de Monseigneur Pavy, la charité, comme sentiment, ne s'épuise jamais.

Laissez passer le pélerin de Marie. Il a recueilli l'obole généreuse de sa noble et chère Algérie ; mais que peut-elle, cette obole, pour élever à la Mère de Dieu le monument que son cœur a rêvé ? A deux reprises, il franchit les mers, il va, de sa voix déjà à demi éteinte, faire entendre à la France l'appel que déjà elle a lu. Il voyage, il prêche, il quête, sans trève ni merci. Glorieux mendiant, il revient chaque fois chargé d'un petit trésor qu'il dépose, joyeux et délassé, au pieds de la Reine des Cieux. Hélas ! une dernière fois, il rapportait, avec un trésor plus léger, une lassitude que rien n'a pu désormais reposer. Celui qui avait tout dépensé pour l'œuvre de Dieu venait de se dépenser lui-même pour sa mère. *Libentissimè impendam et superimpendar ipse.*

Grand dans sa vie, Monseigneur Pavy fut plus grand encore à ses derniers moments.

Tandis qu'Alger et l'Algérie entière s'agitaient, tremblantes et inquiètes, lui, patient, calme, aimable, spirituel, affectueux, se préparait doucement à mourir. Averti de sa fin prochaine, il n'en est ni surpris, ni troublé. Il ordonne et règle lui-même la solennité des derniers sacrements, on dirait qu'il s'en occupe pour un autre. L'heure venue, il se fait revêtir de ses habits de chœur, pour recevoir plus dignement la dernière visite de son Dieu et pour adresser à son Clergé, accouru en pleurs, ses dernières recommandations d'Évêque, en même temps que ses adieux de père :

« Les forces me manquent, nous dit-il, pour vous exprimer tout ce qui se passe au fond de mon cœur. Le voyageur pressé de partir dit vite adieu. J'aurais assisté avec bonheur au couronnement de quelques œuvres commencées, la Providence en décide autrement. C'est un de ses jeux qu'il faut adorer et bénir : *Sic vos non vobis,* ou plutôt, pour parler le langage sacré, c'est Josué qui introduira dans la terre promise le peuple que Moïse a conduit jusqu'à la frontière ; c'est Salomon qui bâtira le temple, des matériaux que David a amassés. Je vous recommande, en mourant, trois choses : Notre-Dame-d'Afrique, qui de mendiante devient orpheline, l'attachement à la discipline et à l'obéissance, qui a fait le bel ordre que nous voyons aujourd'hui dans le Diocèse, et la charité fraternelle qui, de tant d'éléments réciproquement étrangers, a fait un Clergé si admirablement uni. Adieu, mes enfants, adieu ! je vous bénis. »

Le souvenir de cette scène déchirante, si belle de force et de grandeur, ne s'effacera pas de long-temps dans l'âme de ceux qui en furent témoins.

Mais d'où est donc venu au mourant ce calme soudain ? Hier encore, préoccupée jusqu'à l'anxiété, jusqu'à la souffrance, de ses œuvres à finir, comment cette âme ardente a-t-elle pu s'apaiser comme par enchantement ?

Monseigneur Pavy a constitué un diocèse assez grand et assez fort pour se partager maintenant, sans devenir ni trop étroit ni trop faible. Demain se fera le partage désiré qui doit tripler le bien des âmes.

Les deux séminaires, splendides édifices, se regardent du haut de leurs collines, comme deux sentinelles préposées à la garde de la ville épiscopale, ou mieux encore comme deux camps où la jeunesse cléricale se forme et s'aguerrit d'avance aux saints combats. Demain ils vont être achevés.

Sur sa colline aussi se dresse, douce et majestueuse, la coupole de Notre-Dame d'Afrique. Demain la céleste Dame de ses pensées, la passion de son cœur, va ceindre, dans le sanctuaire qu'il lui a préparé, sa triple couronne de reine, de vierge et de mère.

Demain ! et mourir aujourd'hui !

Comment le travailleur infatigable a-t-il pu s'endormir résigné avant la fin de sa journée ? Toucher au but ambitionné, et mourir tranquille sans l'avoir atteint ! Encore une fois je le demande, d'où lui vinrent cette force et cette soumission ? De l'énergie incomparable de sa foi, d'un immense sacrifice, d'une immolation entière de lui-même à Dieu. Aux yeux de quiconque a connu Monseigneur Pavy, cet acte a dû être héroïque : *Super-impendar ipse.*

Oui il fut grand notre Évêque, grand devant Dieu et grand devant les hommes.

Et cependant, il faut que sur tout cercueil illustre qui se ferme on entende des voix diverses, des bruits confus !

S'il s'était rencontré quelqu'un de ces esprits malades qui n'aiment pas à croire à des gloires trop grandes, vous me permettriez mes Frères, de lui rappeler ce vieil apologue :

On raconte qu'un jour un groupe d'enfants se gonflaient les joues, se mettaient hors d'haleine à souffler du côté du soleil. — Que prétendez-vous faire ? leur dit un passant. — Éteindre ce flambeau dont l'éclat fatigue nos yeux. Et le passant sourit. Et les enfants soufflaient toujours, et l'astre refusait même de pâlir. Le soir pourtant se fit. Tranquille et majestueux, le soleil descendit sous l'horizon. On aurait vu alors les petits mutinés insulter, comme des vainqueurs, à l'astre disparu, et, pendant que le sommet des montagnes étincelait encore de ses feux et que le ciel entier s'empourprait de ses derniers rayons, nier qu'il eût jamais brillé.

Mais non, mes Frères, un tel égarement n'est pas possible. J'en atteste ce cri immense, unanime, d'admiration, de respect, d'amour et de regrets, qui a répondu, de tous les points de l'Algérie et de la France, à la fatale nouvelle.

« Ce malheur, écrit un éminent cardinal (1), frappe l'Église d'Alger, et avec elle la France, et j'ajoute le monde catholique. Monseigneur Pavy était une de nos gloires les plus réelles, les plus incontestées. »

J'en atteste l'éloge et les regrets de l'Empereur.

J'en atteste ce Clergé venu si nombreux pour lui rendre les devoirs suprêmes, si fidèle à son souvenir et pour si longtemps encore inconsolable.

J'en atteste tous les habitants d'Alger, sans distinction de rangs, de nations, de croyances. Tous ont pleuré, tous ont porté le deuil. « Ne sais-tu pas, répondait un Musulman à celui qui s'étonnait de le rencontrer, au retour des obsèques,

(1) S. E. le Cardinal Archevêque de Bordeaux

vêtu de ses plus beaux habits, ne sais-tu pas que c'est aujourd'hui la fête des larmes ? N'avons-nous pas tous perdu notre père ? »

Ce cri puissant parti de la terre, c'est le cri de la vérité, rendant hommage à une grande et sainte mémoire : *Veritas de cœlo orta est* (1). Et, du haut du ciel, Dieu qui rend toute justice, a abaissé sur ces foules émues un regard approbateur : *Et justitia de cœlo prospexit* (2).

Mon Dieu, soyez-en béni à jamais, âme de notre père, soyez-en consolée.

AMEN.

(1) Ps. 84.
(2) Ibid.

———•——— - -

Alger. — Typ. BASTIDE, imprimeur de l'Évêché.